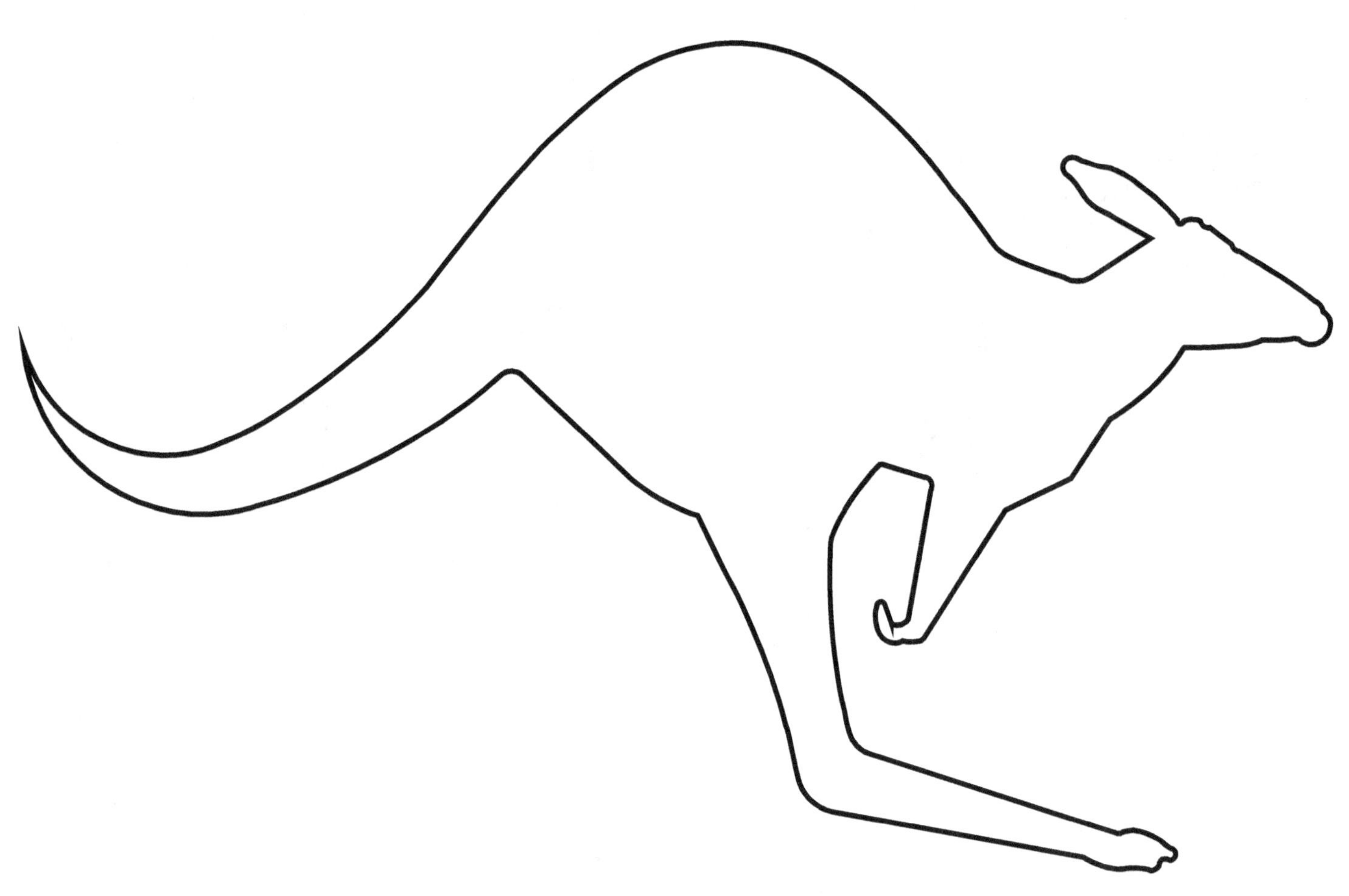

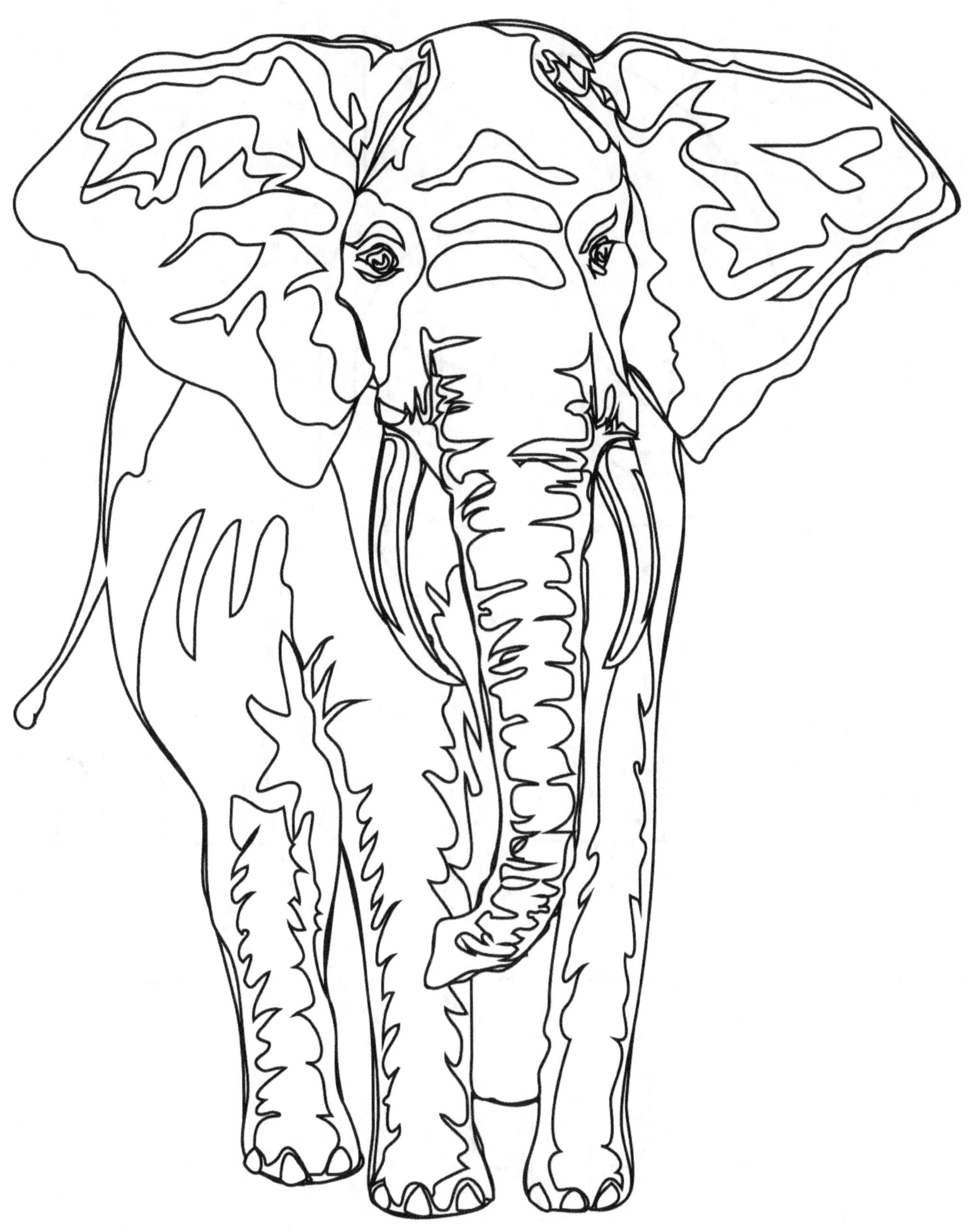

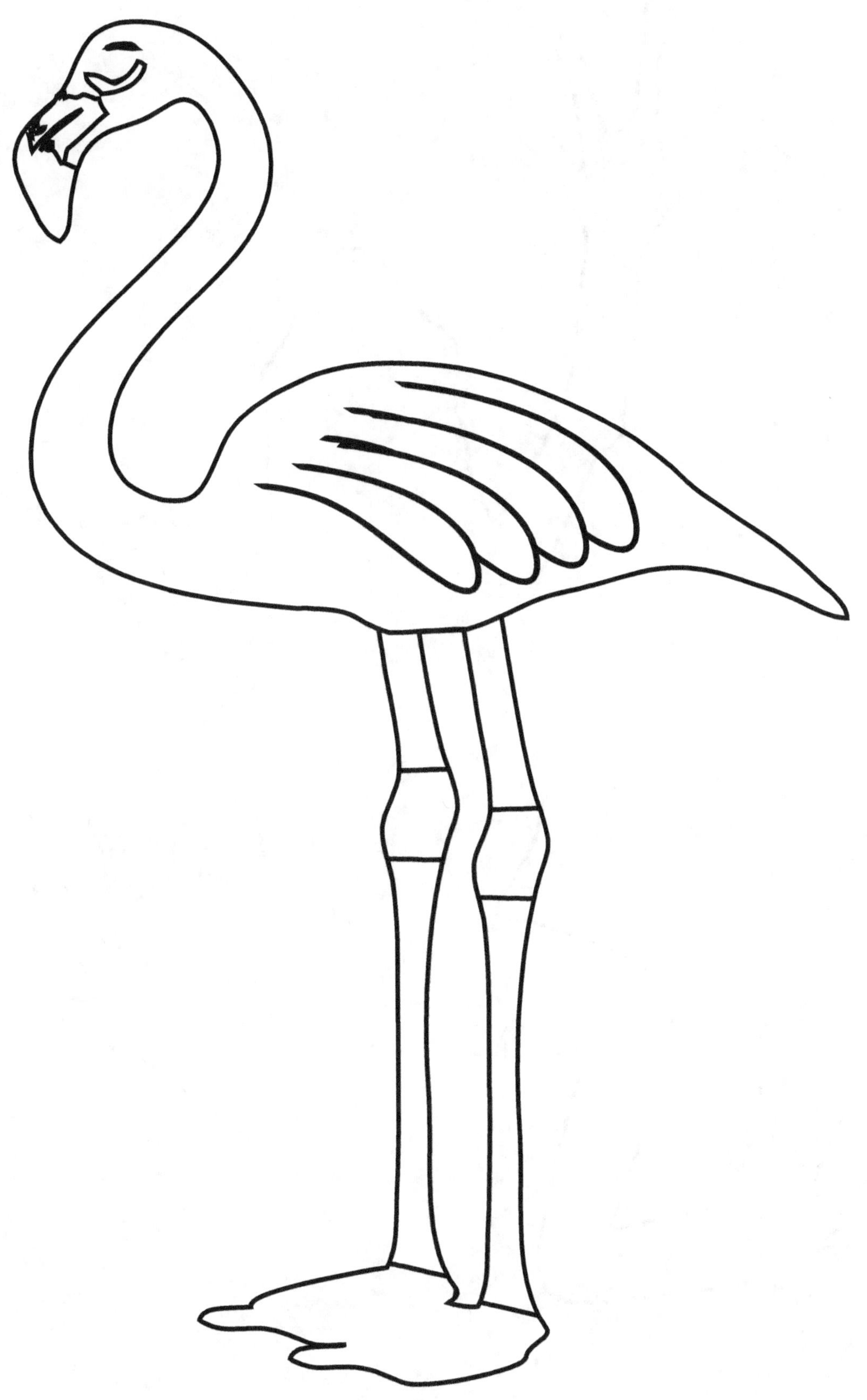

PAGE 30

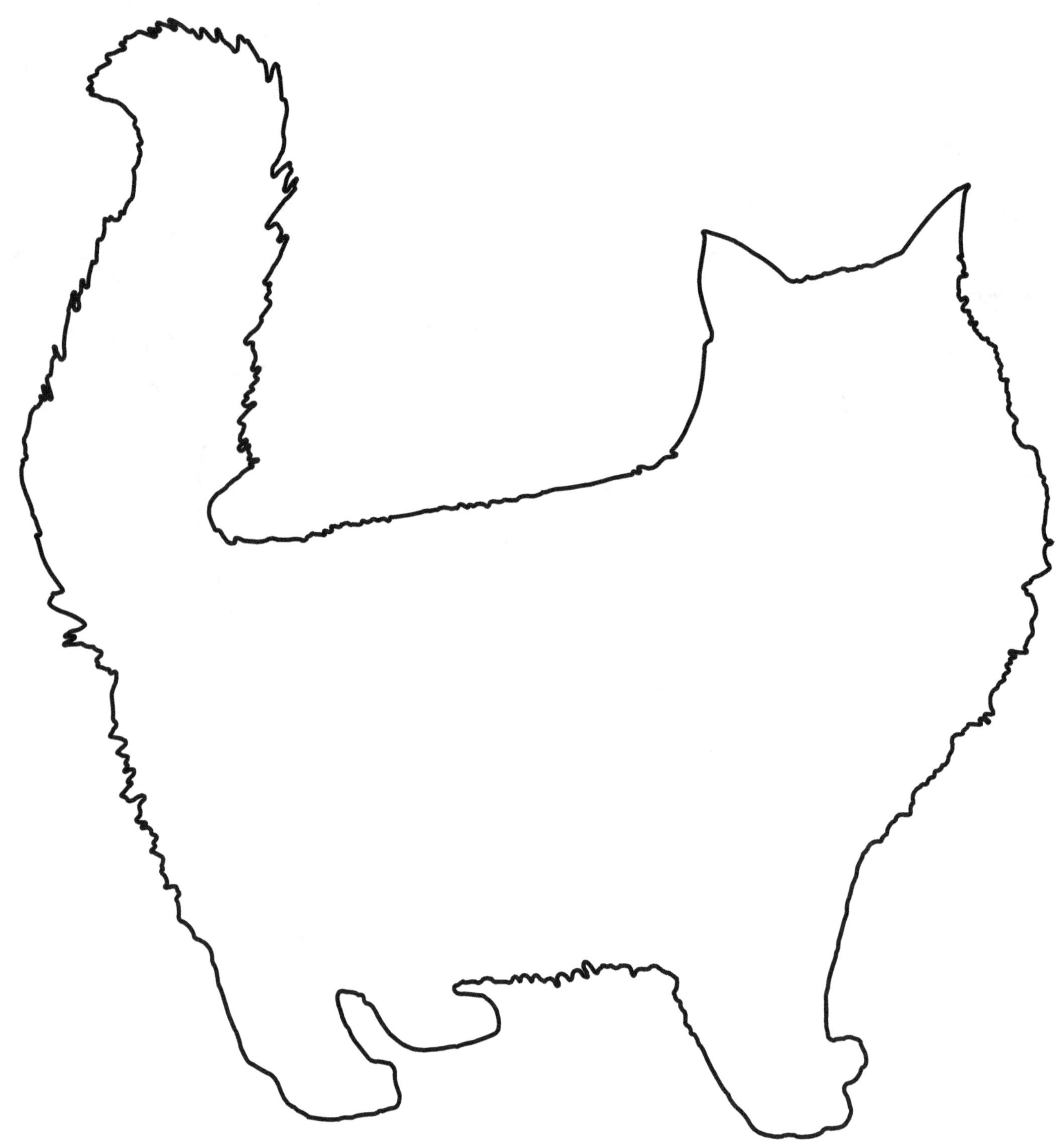

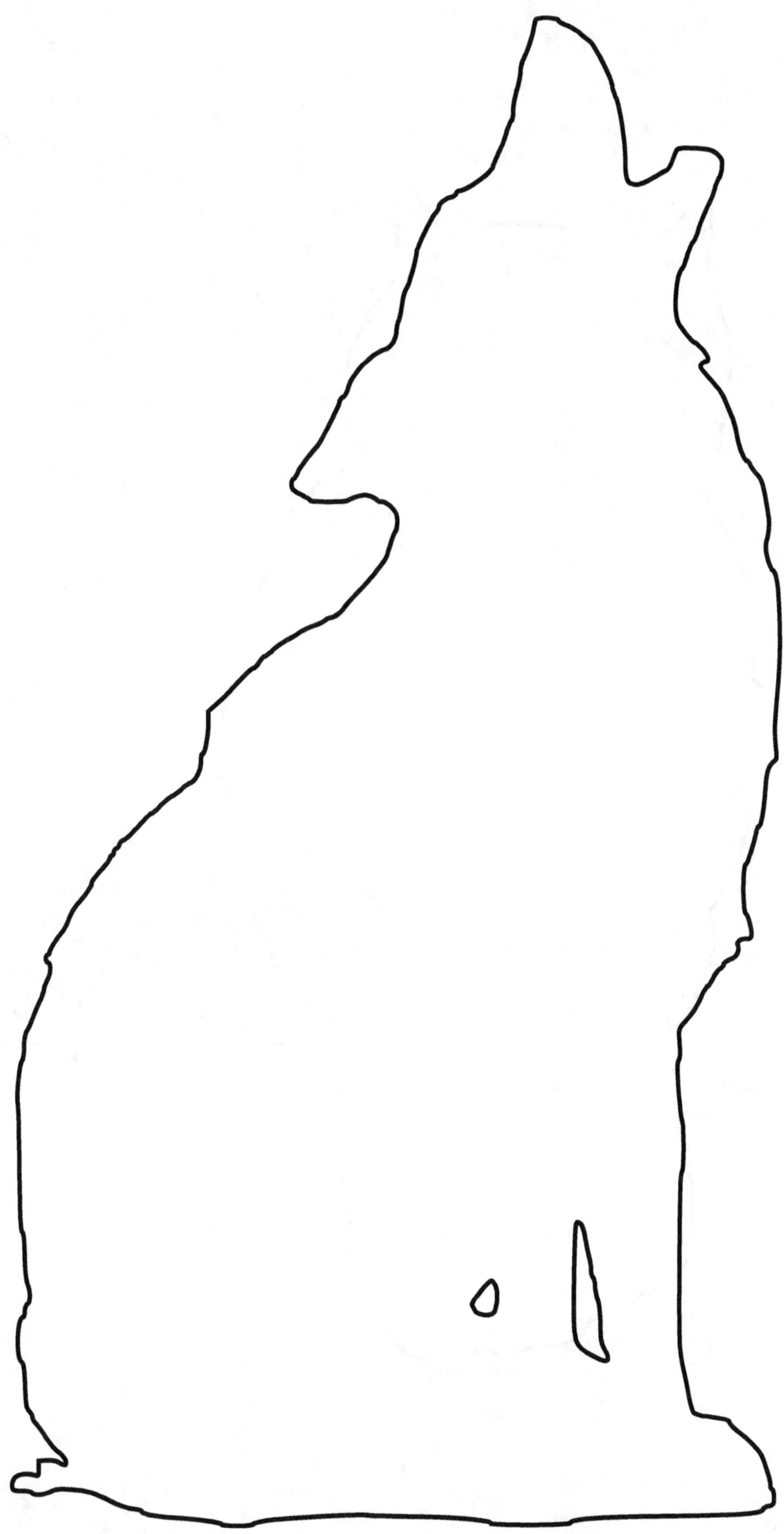

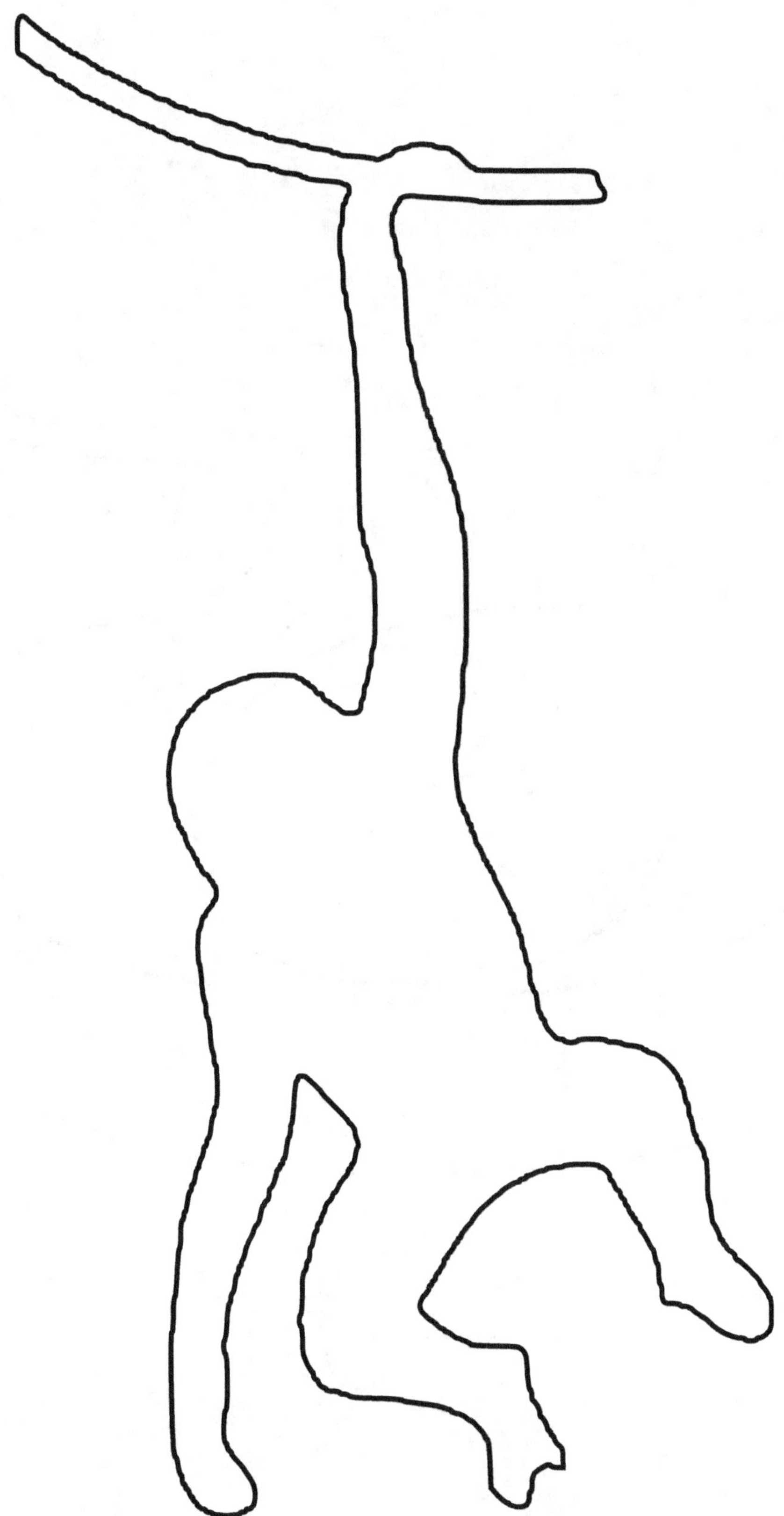

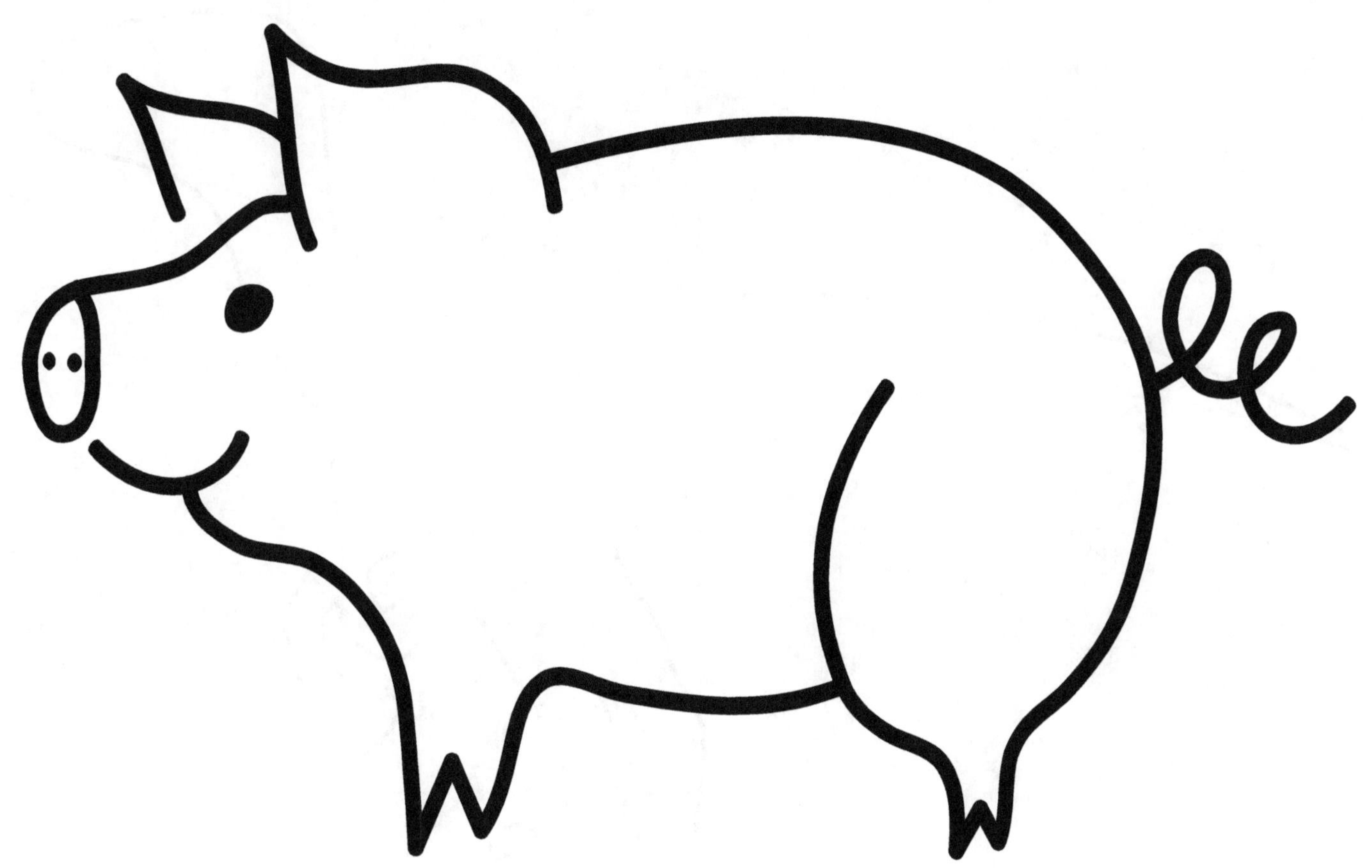

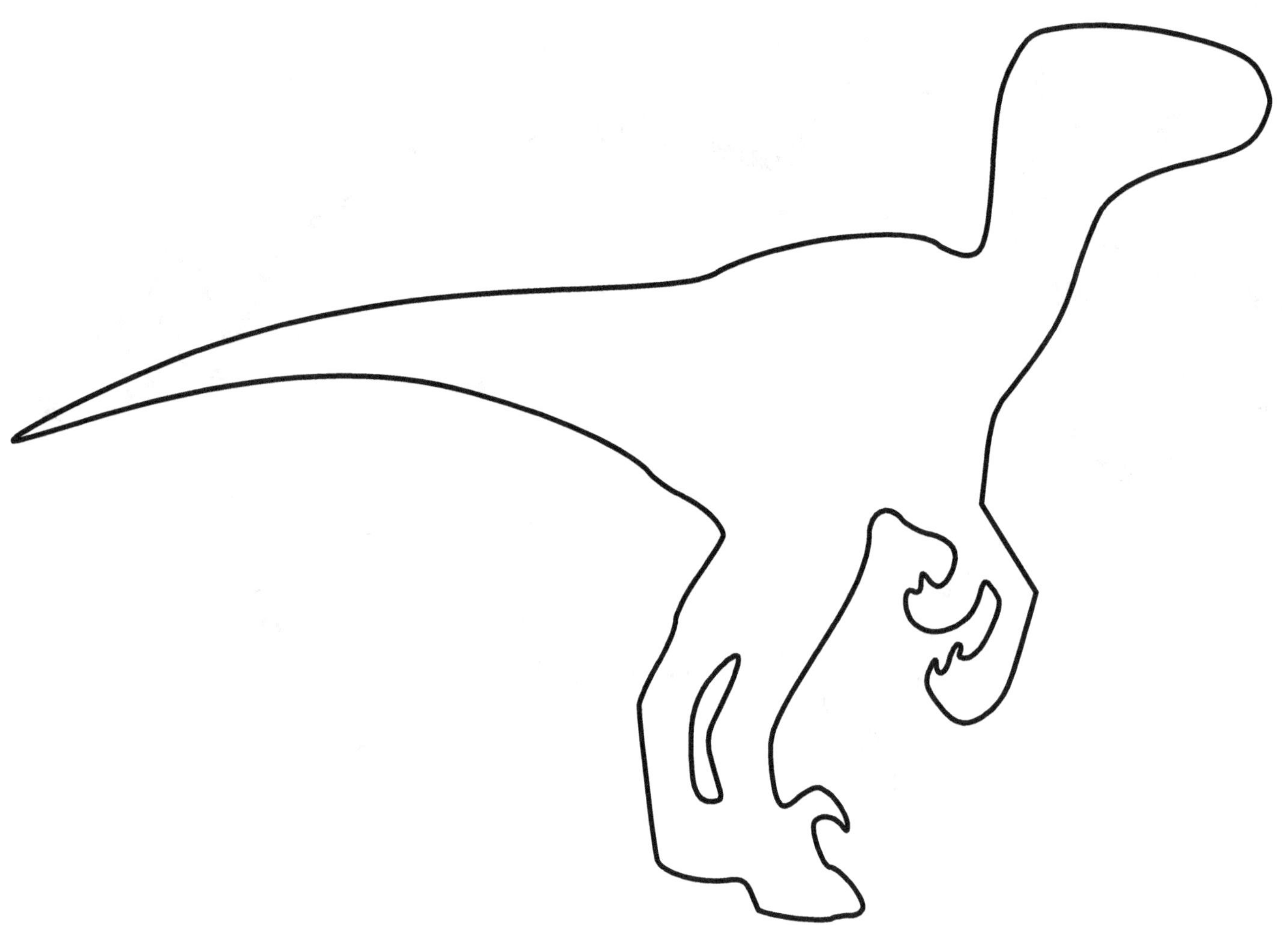

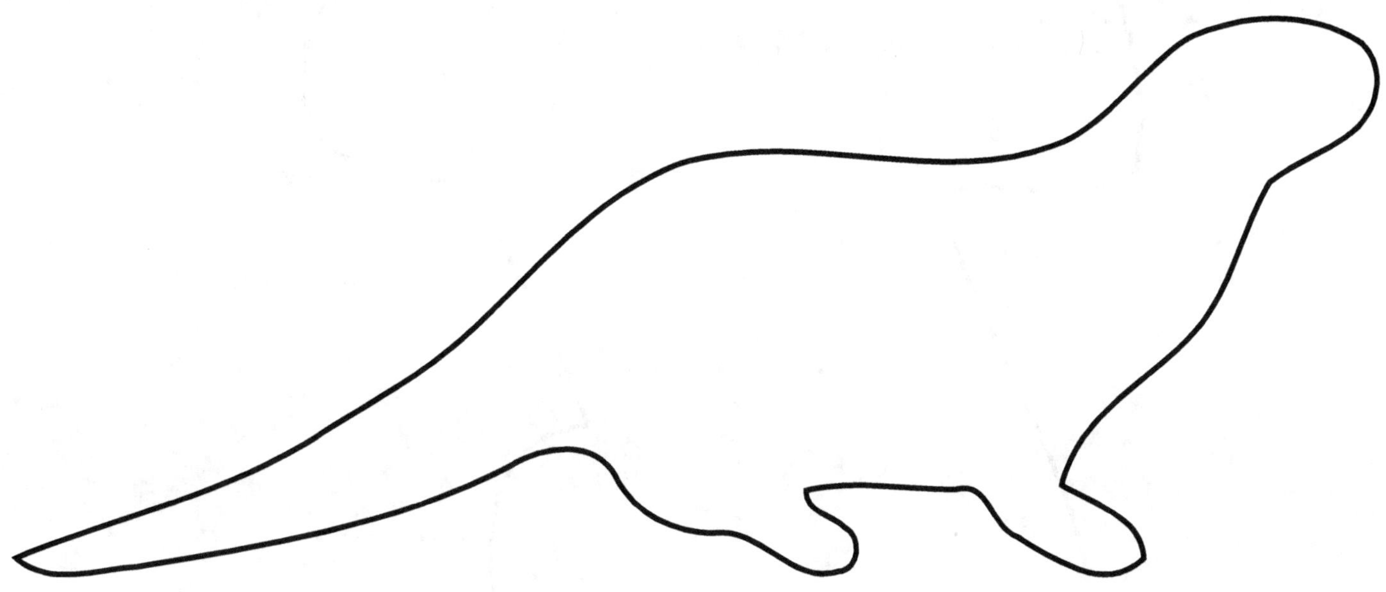

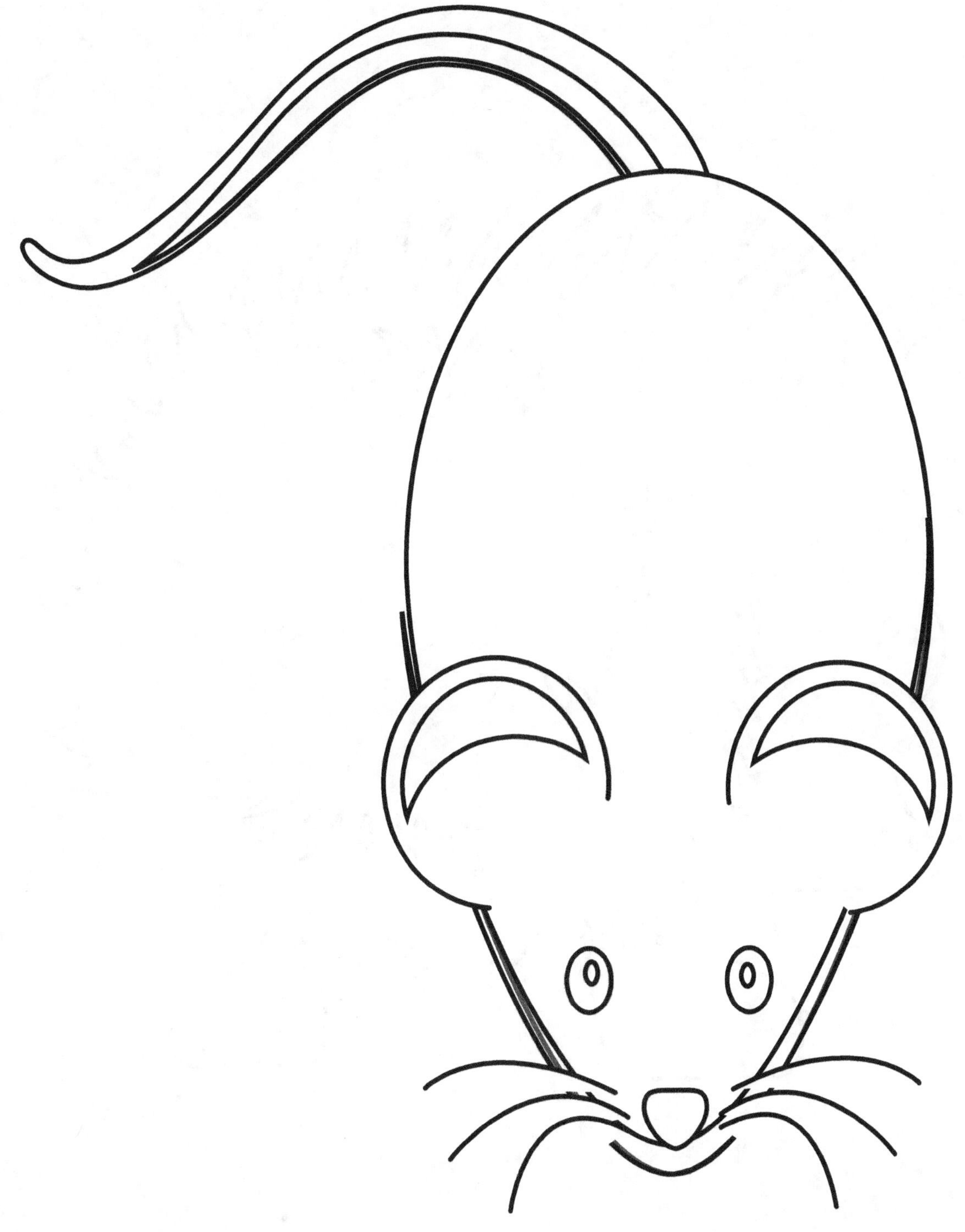

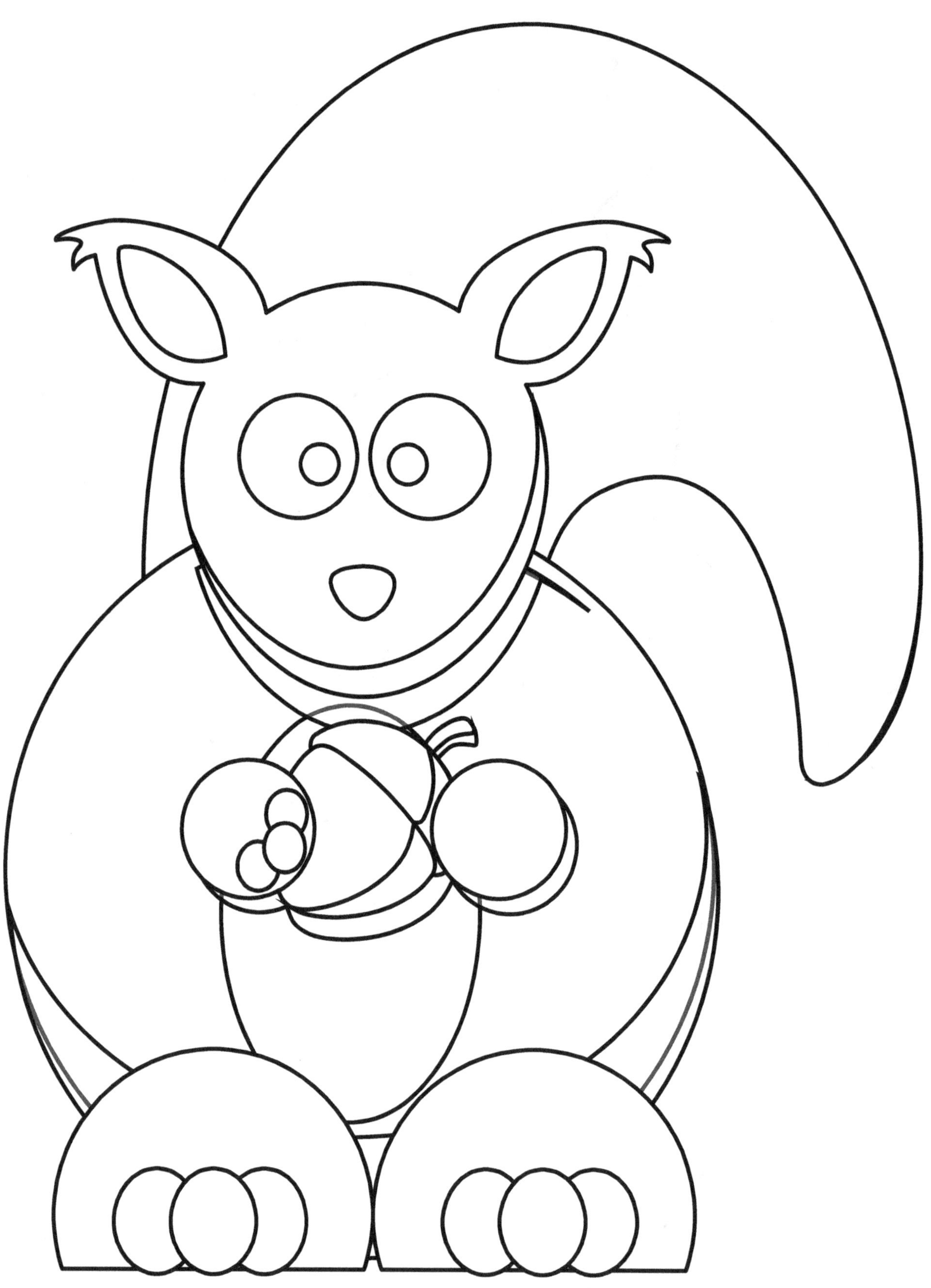

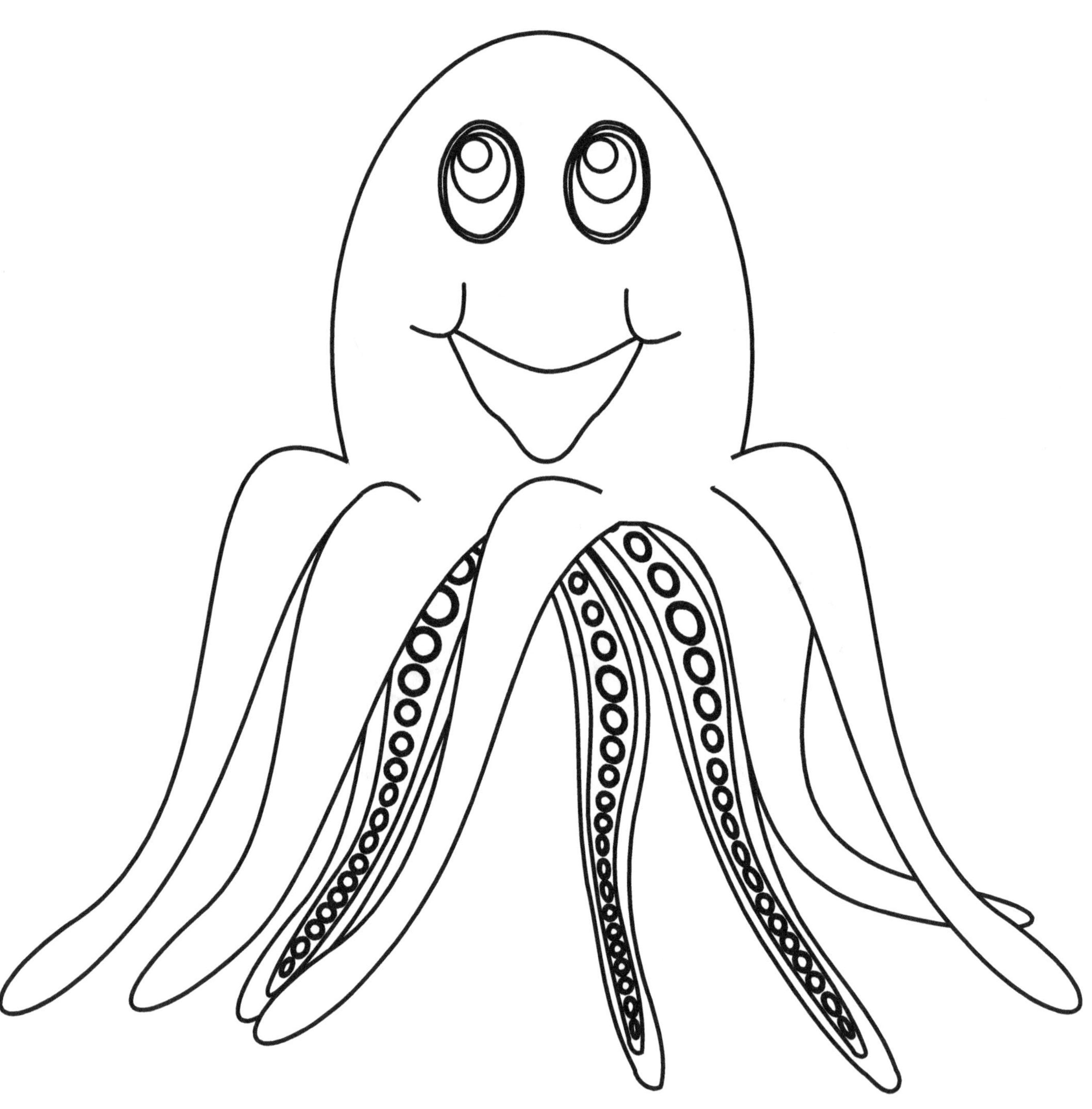

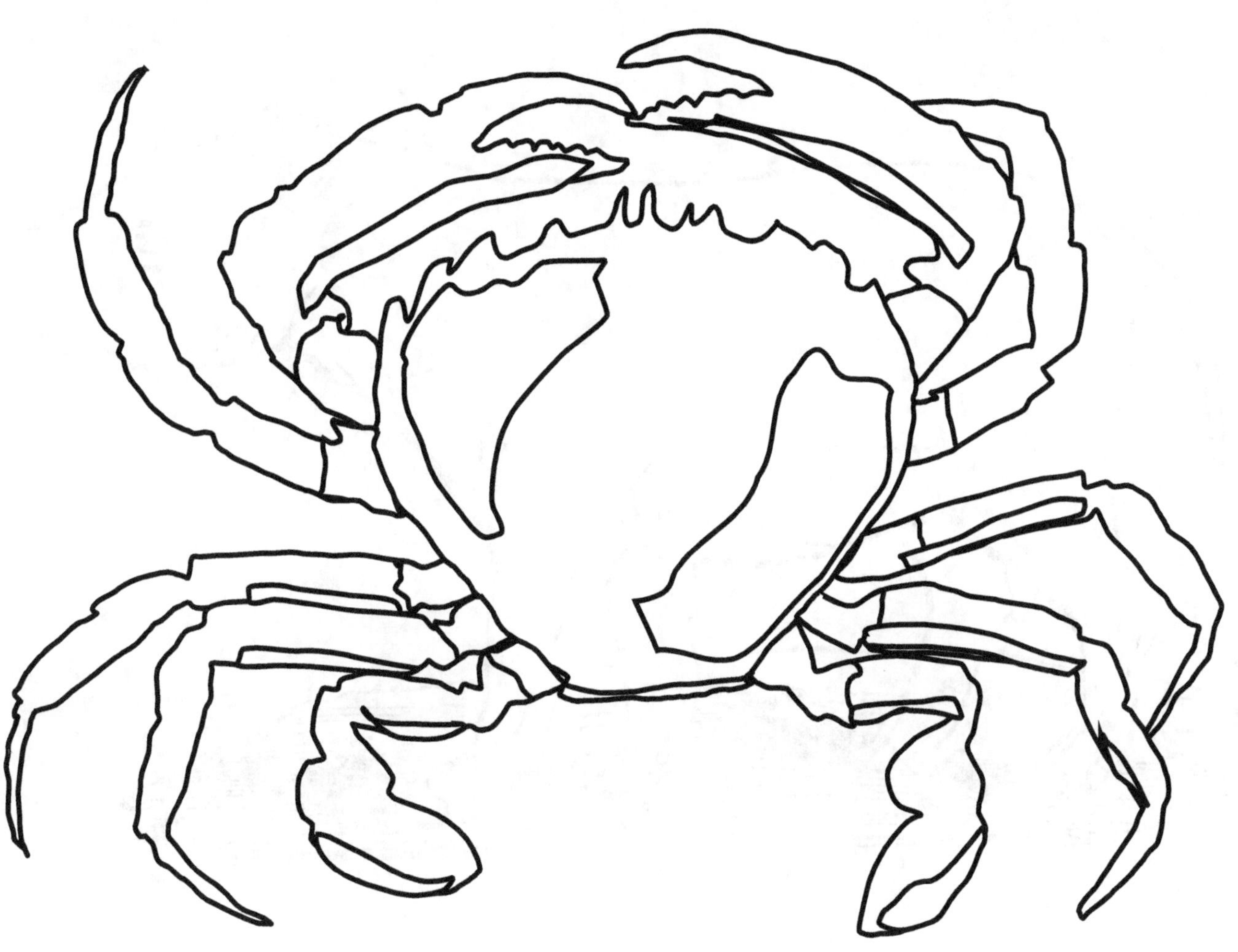